DU NOMBRE

ET DE L'AGE

DES DÉPUTÉS.

DU NOMBRE

ET DE L'AGE

DES DÉPUTÉS,

PAR A. DE STAEL-HOLSTEIN.

> « Une élection nombreuse pour la chambre des représentans (six cents députés au moins: la chambre des communes d'Angleterre en a davantage) aurait donné plus de considération au corps législatif. On a reconnu que la condition d'âge fixée à quarante ans étouffait toute émulation. »
>
> (*Considérations sur la révolution française*, tom. III., pag. 113.)

PARIS,

DELAUNAY, LIBRAIRE, PALAIS-ROYAL,

GALERIE DE BOIS, N°. 243.

1819.

DU NOMBRE

ET DE L'AGE

DES DÉPUTÉS.

UN des caractères les plus saillans de l'é-
poque actuelle, c'est la grande finesse d'instinct, la parfaite sagacité que montrent les
nations dans leurs jugemens. La politique,
qui formait naguère une science occulte,
réservée à un petit nombre d'adeptes, est
devenue aujourd'hui le domaine de tous les
citoyens. Cette vérité est plus frappante en
France que dans aucun autre pays. A peine
le gouvernement a-t-il adopté une mesure,
que le public s'en empare : elle est examinée
sous toutes ses faces, les motifs en sont
appréciés, les conséquences en sont pres-
senties avec une admirable promptitude.
Aucun artifice, aucune arrière-pensée n'é-
chappe à l'examen tout à la fois rapide et in-
faillible de l'opinion publique.

Loin que l'on doive s'alarmer de cette activité ingénieuse des esprits, elle me paraît un des élémens les plus salutaires de notre organisation sociale. Par là, je l'espère, nous serons préservés à l'avenir de la triste influence de ces prétendus hommes d'état, dont toute l'habileté consiste à savoir par quelle ruse mesquine ils feront tourner la circonstance au profit de leur ambition, par quelle sorte de bassesse ils parviendront à plaire au pouvoir du moment, ou quels sont les différens genres de séductions auxquels des âmes vénales sont accessibles: De tels hommes cessent d'être dangereux au grand jour de la liberté : leur industrie honteuse ne trouve plus d'emploi; ils n'ont ni des vûes élevées, ni des connaissances solides, ni une éloquence entraînante. Que ferait-on d'eux dans un gouvernement représentatif ? A quoi la ruse peut-elle servir quand il est sûr qu'elle sera déjouée ?

Nous venons d'avoir sous les yeux un exemple frappant cette de sagacité politique qui distingue particulièrement les Français. Un membre de la chambre des pairs, connu jusqu'ici par des opinions très-inoffensives, a proposé dans les termes les plus doux, les plus prudens en apparence, quelques modifications à une loi dont le principe est excellent sans doute, mais qui est pourtant susceptible de plusieurs améliorations importantes. — Qu'en est-il résulté ? L'alarme a été générale ; de toutes parts sont arrivées de nombreuses pétitions pour supplier les chambres de repousser l'orage qui s'annonçait. En vain les fauteurs de la motion se sont-ils plu à répéter que c'était s'effrayer sans raison, que de légers changemens proposés dans les formes constitutionnelles ne méritaient pas de causer un tel effroi ; la France ne s'est pas méprise un seul instant à de pareils discours ; l'instinct de tous a été plus ingénieux, plus habile que l'adresse de quelques-uns. L'on a reconnu les éclaireurs de l'armée ennemie, et l'opinion a déployé ses bannières.

Que l'on ne croie pas toutefois que l'amour des Français pour la loi des élections, soit un culte aveugle et superstitieux, qui repousse tout examen, et s'attache sans discernement à la lettre comme à l'esprit. Ce serait une erreur fort grave. Ceux-là même, à qui la motion de M. le marquis Barthelemy

a causé le plus juste effroi, savent fort bien
que l'état de notre représentation nationale
exige des perfectionnemens nombreux; et
personne ne s'alarmera d'une discussion fran-
che à cet égard.

L'augmentation de la chambre des pairs
qui a été la conséquence de l'attaque tentée
par l'ancienne majorité de cette chambre,
contre la loi des élections, est une mesure
importante; et ce serait la considérer
d'une manière superficielle que de n'y voir
autre chose qu'un expédient du ministère
pour s'assurer quelques voix de plus. — Sans
doute cette mesure est imparfaite, et peut
être critiquée sous plus d'un rapport; mais
elle n'en promet pas moins deux résultats
essentiels; l'un de former quelques liens nouveaux entre la nation et une chambre qui lui
a été jusqu'à ce jour presque inconnue;
l'autre, d'amener, par un enchaînement forcé,
une augmentation considérable de la chambre des députés.

La possibilité de consolider en France
l'institution de la pairie, est un des problèmes
les plus délicats de notre organisation constitutionnelle, un de ceux sur lesquels nos

publicistes sont le moins d'acccord. Les plus
distingués d'entre eux ont varié dans leurs
sentimens à cet égard, et ont soutenu de
très-bonne foi les thèses les plus diamétrale-
ment opposées. Mais si, comme j'aime à le
croire, d'après une opinion que je dois res-
pecter et chérir, il est possible de naturaliser
en France une magistrature dont nous voyons
les heureux effets en Angleterre, ce n'est sans
doute qu'en recueillant avec soin dans la
chambre haute tous les élémens de notabilité
nationale que nous offre l'époque où nous
vivons. Créer des forces qui n'existent pas,
est une œuvre au-dessus de la puissance des
législateurs humains ; négliger celles qui
existent, est ou une insigne légèreté ou une
dangereuse imprudence.

L'état de la société, à une époque quelconque, est toujours le résultat de l'époque qui
a précédé, bien plus que celui des institutions du moment. Un gouvernement qui a
commandé pendant quinze ans à tout le con-
tinent européen, a créé nécessairement au
civil et au militaire de grandes existences,
qu'il est impossible de ne pas reconnaître,
et dont il serait fort déraisonnable de ne pas

tirer parti dans notre nouvelle organisation politique. Des hommes qui ont joui pendant long-temps de toute l'influence que donne le maniement d'un pouvoir énorme, et dont quelques-uns sont distingués par des talens supérieurs, devaient nécessairement, bien que je les suppose animés des intentions les plus pures, former malgré eux, et même à leur insu, des centres auxquels se rattachaient divers genres de regrets. Non-seulement l'introduction de ces hommes dans la chambre des pairs neutralise leur influence involontaire sur les imaginations mécontentes, mais elle les fait concourir efficacement à consolider nos institutions. Si parmi les nouveaux choix il se trouve, comme l'ont prétendu quelques feuilles périodiques, des hommes inconnus qui ne doivent leur nomination qu'à la faveur ministérielle, je dirai que de tels choix ne valent rien; mais que la mesure dans son ensemble ne m'en paraît pas moins salutaire.

L'objection, tirée de ce que la multiplication du nombre des pairs nuit à l'éclat de la pairie, me semble, je l'avoue, fort mal fondée. Ceux qui insistent beaucoup sur cette

objection, assimilent sans discernement la
situation de la France à celle de l'Angleterre, et ne considèrent point le véritable
état des choses dans notre pays. Le premier
mobile de la révolution d'Angleterre a été la
religion, le principe de la révolution française
est la philosophie. Chez les Anglais, la querel-
le s'est élevée entre un parlement protestant et
une cour catholique en secret ; chez nous la
lutte s'est engagée entre l'aristocratie et l'éga-
lité. Sans doute l'Angleterre a eu aussi ses
niveleurs, mais ce n'a été là qu'un épisode
de son histoire ; à la restauration de Char-
les II, l'aristocratie anglaise s'est retrouvée
dans toute sa force et toute sa richesse ; et,
à l'expulsion des Stuarts, la noblesse et le
peuple ont été également divisés d'opinion.
En France l'aristocratie a succombé dans la
lutte : il nous reste encore ce que rien ne
peut détruire, l'illustration des noms historiques ; mais la noblesse comme telle a cessé
d'exister. La pairie anglaise est un ordre
ancien, riche et puissant par lui-même ; chez
nous la chambre des pairs est une magistrature nouvelle, qui peut recevoir du lustre
des hommes notables qu'on lui adjoindra,

mais qui n'a jusqu'ici aucune force qui lui soit propre.

Pour qu'une corporation soit respectable aux yeux du public, il ne suffit pas qu'elle soit peu nombreuse ; car, si, parmi les individus qui la composent, les uns professaient des opinions réprouvées par le sentiment national, les autres étaient sans indépendance de fortune ou de situation, les autres sans illustration de naissance ou de talent ; en vain rendriez-vous très-difficile l'accès d'une telle corporation, elle n'en serait ni plus respectable ni plus respectée. Or malheureusement, une chambre des pairs qui n'a que quatre ans d'existence, qui est sans racines dans la nation, et qui, délibérant en secret, n'exerce aucune influence sur l'opinion publique, une telle chambre dis-je, a joui jusqu'à présent d'une considération si mince, que je ne crains pas de me tromper en affirmant que son existence a été révélée pour la première fois à bien des Français, par l'attaque imprudente qu'elle vient de hasarder contre la loi des élections.

Toutefois on tomberait dans une erreur très grave, si, en raison de la faiblesse de

la chambre des pairs, on voulait réduire la
chambre des députés à une faiblesse égale.
Ce serait une étrange manière de comprendre l'équilibre des pouvoirs; car en suivant
un tel principe, en prenant pour point de
mire le mal, et non le bien, toutes les fois
qu'il se trouverait un côté défectueux dans
la constitution d'un pays, il faudrait donc
rabaisser à son niveau toutes les autres parties de l'édifice politique. Un pareil système
n'est pas soutenable. Faisons bien partout où
il est en notre pouvoir de bien faire, et fions-
nous à l'avenir pour améliorer ce qui est
encore imparfait.

Le but vers lequel nous devons tendre, est
d'organiser en France un véritable *gouvernement parlementaire*. Tant que ce but ne sera
pas atteint, nous n'aurons que la lettre morte
d'une constitution libre; mais nous ne jouï-
rons pleinement d'aucun de ses bienfaits,
nous ne serons point animés de la vie qu'une
telle constitution est destinée à répandre dans
toutes les veines du corps social. J'entends
par un gouvernement parlementaire, celui
dans lequel tous les actes importans de l'autorité s'exercent en présence des chambres et

de l'avis de ce conseil suprême de la nation et du roi. — Mais pour arriver là, il ne suffit pas de supposer une grande sincérité et des lumières supérieures dans les dépositaires du pouvoir, il faut encore que la représentation nationale offre une réunion de qualités dont la plupart manquent malheureusement à la nôtre.

S'il était possible de résumer en peu de mots les diverses conditions nécessaires pour former une bonne assemblée représentative, je dirais qu'il est essentiel :

1º. Qu'elle connaisse bien les intérêts et l'opinion de son pays, et qu'elle ne fasse que des lois conformes à l'état de cette opinion ;

2º. Qu'elle ait assez d'influence morale sur la nation pour que ces lois soient comprises et respectées ;

3º. Qu'elle ait assez de lumières et de tact politique pour être le conseil suprême du roi et de la nation ;

4º. Enfin, qu'elle ait assez d'énergie et d'indépendance pour résister aux empiéte-mens du pouvoir.

Mais, dans un sujet d'une si haute importance, j'éprouve une juste défiance de mes forces, et j'ai besoin de m'appuyer sur une autorité qui donne quelque poids à ce que j'avance. J'emprunterai donc les idées d'un célèbre membre du parlement anglais, qui veut bien souffrir que je m'enorgueillisse du titre de son ami; sir James Mackintosh, l'un des premiers publicistes de l'Angleterre et de l'Europe, et le digne successeur de Romilly dans l'honorable tâche de réformer les lois criminelles de son pays.

Un morceau écrit récemment par sir James Mackintosh, renferme, en quelque sorte, la profession de foi du parti des Whigs, c'est-à-dire, de la plus respectable secte d'hommes d'état dont l'histoire nous offre l'exemple. De tels hommes ne seront pas exposés du moins au reproche banal de se perdre dans des théories inapplicables; car, depuis l'avénement de Guillaume III jusqu'à nos jours, il n'est aucune branche de la politique dans laquelle les Whigs n'aient excellé. Nous trouvons dans leurs rangs des orateurs, des financiers, des jurisconsultes du premier ordre, et jamais ils n'ont cessé d'allier la connaissance la plus parfaite et la pratique la plus habile des affaires aux plus hautes spéculations de la théorie.

« Dans la plupart des pays civilisés, dit
» sir J. Mackintosh, les sujets sont, jusqu'à
» un certain point, protégés par le gouver-
» nement contre les injustices qu'ils pour-
» raient commettre les uns envers les autres.
» Mais les garantir par des lois contre les
» injustices du gouvernement lui-même, c'est
» là un problème tellement difficile, que de-
» puis l'origine de l'histoire, l'on peut à peine
» citer un ou deux grands états qui aient ap-
» proché de sa solution.

» Il est universellement reconnu que le
» seul moyen par lequel on ait pu jusqu'ici
» se flatter d'y parvenir, est celui d'une as-
» semblée de députés élus par une grande
» partie de la nation. Le premier objet d'une
» représentation nationale, est que l'une au
» moins des branches du pouvoir législatif
» tienne son titre du peuple par l'élection,
» et qu'elle ait par conséquent des motifs
» puissans de veiller sur ses intérêts et de
» défendre ses droits.

» Dans ce but, il ne suffit pas que le corps
» représentatif ait les mêmes intérêts géné-

» raux que le peuple ; car tout gouvernement
» a dans le fait les mêmes intérêts que ses
» sujets ; il faut encore qu'à ces intérêts géné-
» raux se joigne un intérêt plus direct et plus
» palpable, celui qui naît de l'élection. Tout
» sénat législatif doit en général être com-
» posé de membres qui aient les qualités
» requises et la disposition nécessaire pour
» faire des lois propres à assurer le bien-être
» de la communauté. Dans une assemblée
» représentative, cette condition, quoique ab-
» solument indispensable, ne suffit pas à elle
» seule ; pour bien concevoir les principes
» de la composition d'une telle assemblée,
» il faut diviser la nation en différentes classes,
» et examiner les intérêts de localités et de
» professions dont se compose l'intérêt gé-
» néral. Chaque classe doit être représentée
» par des personnes qui veillent spéciale-
» ment à des intérêts qui leur soient communs
» avec elle ; soit que cette communauté d'in-
» térêts provienne de ce qu'elles habitent le
» même district, ou de ce qu'elles exercent
» la même profession, comme par exemple
» le commerce ou l'agriculture, les arts d'uti-
» lité ou d'agrément. Il faut s'assurer de la

» fidélité et du zèle de ces représentans, par
» toutes les combinaisons qui peuvent ajouter
» au sentiment d'un intérêt commun, celui
» d'une sympathie particulière avec leurs
» commettans. Ce n'est pas tout; dans un
» grand état, la portion même des intérêts
» publics qui est commune à toutes les classes,
» se partage encore en un grand nombre de
» branches diverses. L'homme d'état doit les
» embrasser toutes sous un point de vue gé-
» néral; mais aucun individu ne saurait en
» connaître à lui seul tous les détails. L'édu-
» cation, les habitudes qui rendent un homme
» propre à bien comprendre de certaines
» questions, le rendent souvent incapable
» d'en saisir d'autres. Parmi les membres
» d'une assemblée représentative, les uns
» doivent donc être voués spécialement à la
» discussion des lois et de la constitution;
» d'autres à la politique extérieure; d'autres
» aux intérêts divers de l'agriculture, du com-
» merce et des manufactures; d'autres aux
» affaires militaires de terre et de mer; d'au-
» tres enfin doivent connaître les colonies et
» les possessions éloignées d'un grand empire.
» Ce serait une erreur de croire que l'on pût

» suppléer à ces différentes classes de repré-
» sentans, par des témoins que l'on interro-
» gerait sur chaque question en particulier.
» Ce n'est pas trop de réunir l'un et l'autre
» de ces deux moyens ; il faut quelquefois des
» témoins intelligens pour recueillir des in-
» formations de détail ; il faut constamment
» des représentans habiles pour interroger ces
» témoins, pour découvrir tous les faits qui
» sont de leur ressort, et pour les appuyer
» dans l'assemblée de tout le poids que leur
» donne le droit de parler en égaux à leurs
» collègues.

» Pour représenter fidèlement la nation,
» il faut qu'une assemblée soit nombreuse ; il
» faut qu'elle connaisse par sa propre expé-
» rience les mouvemens qui agitent les mas-
» ses ; il faut qu'elle soit accessible à l'in-
» fluence des mêmes causes qui agissent sur
» les pensées et les sentimens des assemblées
» populaires. Par la même raison , entre
» plusieurs autres, il faut que ses opérations
» soient publiques, et que ses discussions
» soient soumises au jugement de tous les
» hommes. Sans doute, ces élémens démo-
» cratiques doivent être tempérés et conte-

» nus par les moyens que l'on jugera propres
» à assurer l'ordre et l'indépendance des dé-
» libérations ; mais sans de tels élémens au-
» cune assemblée , bien qu'élue, n'est une
» véritable représentation nationale. »

Qu'il me soit permis d'insister ici sur
une vérité qui n'est pas neuve sans doute,
mais qui n'est peut-être pas encore suffisamment reconnue. C'est que la population
d'un pays est le moindre des élémens qui
doivent influer sur le nombre de ses représentans, et qu'il n'existe aucune proportion
assignable entre ces deux quantités. La ré-
publique de Genève a deux cent soixante-
quinze députés ; la France en a deux cent
cinquante-huit : dans le rapport des popu-
lations, il faudrait ou que la France en eût
deux cent mille , ou que Genève en eût
à peine un seul, ce qui est également absurde. L'on peut établir en principe qu'une
assemblée représentative doit être composée
d'autant de membres qu'il est possible d'en
réunir, sans nuire à l'ordre et à la sagesse des
délibérations ; sans doute cette condition est
difficile à remplir en France , à cause des
nombreuses imperfections du règlement de

notre chambre; mais la conclusion à tirer de
là, c'est qu'il faut corriger le règlement et
non persister à n'avoir que deux cent cinquante-huit députés de quarante ans. Quant
à l'objection banale tirée de la turbulence
du caractère français, je ne m'arrêterai pas
même à la combattre. Rien ne me paraît
plus misérable que ces hommes toujours prêts
à rabaisser leur pays, à condition d'en écarter toute institution raisonnable. Tous les
peuples éclairés, et les Français plus qu'aucun autre, ont en eux les élémens nécessaires
pour jouir de la liberté; et les qualités qui
nous manquent encore se développeront par
l'exercice même de cette liberté. D'ailleurs,
ce n'est certes pas le défaut de patience que
l'on peut reprocher à nos assemblées délibérantes. Les Anglais, qu'on se plaît à nous
représenter comme si calmes et si patiens,
ne supporteraient pas de sang-froid pendant
un seul jour, l'ennui mortel d'entendre lire
à la tribune des compositions académiques,
qui avancent la discussion aussi peu qu'elles
intéressent l'auditoire.

« Parmi les diverses qualités d'une repré-
» sentation nationale, continue sir J. Mac-

2

» kintosh, il en est deux qui méritent une
» attention particulière : l'une est l'aptitude
» à faire de bonnes lois, l'autre, la force de
» résister à l'oppression. L'aptitude d'une as-
» semblée à faire de bonnes lois dépend évi-
» demment de la masse d'hommes habiles
» et instruits qu'elle possède; mais il semble
» avantageux qu'elle renferme en outre un
» nombre considérable d'individus d'un carac-
» tère plus neutre et moins entreprenant : gens
» faisant peu de propositions nouvelles, mais
» qui servent de médiateurs et d'arbitres dans
» les différens qui s'élèvent entre les hommes
» actifs, desquels on attend des motions plus
» importantes. Les idées que chaque membre
» peut suggérer à l'assemblée, relativement
» à un objet spécial, ont sans doute un mé-
» rite qui leur est propre ; mais la plupart
» des hommes adoptent des préjugés en même
» temps qu'ils acquièrent des connaissances ;
» et dans la lutte entre les divers intérêts op-
» posés, la meilleure chance d'arriver à une
» solution équitable est d'en appeler à un
» corps considérable de ces hommes bien éle-
» vés, qui ont du loisir, de la fortune, des
» opinions modérées, et qui sont impar-

» tiaux sur un plus grand nombre de sujets
» qu'aucune autre classe de citoyens. Sous ce
» rapport, une certaine prépondérance de
» propriétaires fonciers est en général avan-
» tageuse dans une assemblée délibérante.
» Mais, pour résister à l'oppression, il est une
» autre espèce d'hommes, dont le caractère
» forme un des élémens les plus importans
» de la représentation nationale. Ce sont des
» hommes de talens, de principes et de sen-
» timens populaires ; prompts à deviner le
» despotisme ; courageux à lui résister ; peu
» favorablement disposés envers le pouvoir ;
» prêtant l'oreille presque avec crédulité aux
» plaintes des petits et des faibles ; et pous-
» sés par leur ambition, si ce n'est par leur
» générosité, à se faire les champions de
» ceux qui n'ont point de défense. Dire que
» de tels hommes ont besoin d'être contenus
» et modérés par d'autres députés d'un ca-
» ractère différent, ce n'est faire qu'une re-
» marque fort insignifiante ; car on peut en
» dire autant de toute autre classe de dépu-
» tés. Il est également superflu d'observer
» qu'une chambre qui serait uniquement com-
» posée d'hommes de cette trempe, rempli-

» rait mal les devoirs de la législation ; car
» la même observation s'applique tout aussi
» bien à chacune des parties intégrantes,
» essentielles à la formation d'une assemblée
» représentative. »

J'ajouterai à ce que dit sir J. Mackintosh,
que c'est la plus maladroite de toutes les
tactiques, dans un gouvernement, que de
chercher à écarter de l'assemblée nationale
des hommes que leurs talens et leur popularité appellent hautement à en faire partie.
Un ministre croit avoir remporté une grande
victoire, en fermant l'accès de la tribune à
tel orateur dont les attaques lui seraient im-
portunes ; c'est une erreur dangereuse et une
façon de voir bien mesquine. Loin que
vous désarmiez l'opposition, en lui refusant
une manière légale et publique de faire valoir
ses idées, vous la rendez plus active, plus
malveillante et plus désordonnée ; la rivière
que vous auriez pu contenir par des digues
devient un torrent que rien n'arrête. Hors,
du parlement, sir Francis Burdett serait
peut-être déjà devenu, malgré lui, le chef
d'une révolution qui aurait embrasé l'Angleterre ; dans la chambre des communes, sa

popularité tourne toute entière au profit de l'ordre et de la stabilité du gouvernement. Les hommes ardens dont il représente l'opinion, savent qu'ils ont en lui un défenseur; ils savent que par lui leurs plaintes seront entendues; et satisfaits du champ qui leur est ouvert, ils ne cherchent point à en renverser les barrières.

Suivons les observations frappantes et ingénieuses de sir J. Mackintosh. « Dans toutes » les institutions politiques, il est à désirer » que le pouvoir légal soit confié à ceux qui » ont une influence naturelle sur leurs con- » citoyens. Quand l'état de la société et les » commandemens du législateur sont en con- » tradiction, la soumission aux lois ne peut » être obtenue que par les moyens odieux et » précaires de la force et de la terreur. Quand » la loi est d'accord avec la nature des choses, » alors la stabilité du gouvernement est assu- » rée; et c'est alors aussi que le peuple peut » jouir de la plus grande liberté. Mais dans » une assemblée représentative qui n'exerce » aucun pouvoir direct, et dont les membres » sont trop nombreux pour que la place » qu'ils occupent leur donne une grande

» importance individuelle, il est clair que
» la force et la dignité du sénat dépendent,
» plus que dans tout autre cas, de l'influence
» naturelle de ceux qui le composent. Sous
» ce rapport, le talent et le savoir, outre
» leur utilité immédiate, ont encore une
» valeur indirecte de la plus haute impor-
» tance. Ces avantages, de même que tous
» ceux qui inspirent du respect et de l'atta-
» chement parmi les hommes, de même que
» la popularité, la réputation, la fortune,
» l'éducation et la naissance, sont des forces
» réelles qu'aucune loi ne peut ni donner
» ni ôter à personne. Plus une assem-
» blée est privée de ces principes d'autorité
» naturelle, plus elle est faible, soit pour
» résister aux usurpations du gouvernement,
» soit pour maintenir l'ordre dans la société.
» Un bon système de représentation tend,
» sous plusieurs autres rapports essentiels, à
» assurer la stabilité du gouvernement libre,
» dont il forme la condition première. En
» appelant des hommes de presque toutes les
» classes à participer au pouvoir législatif,
» il engage à la défense de la constitution,
» l'orgueil et l'intérêt privé aussi-bien que la

» générosité et l'honneur de chaque portion
» de la communauté. Les plus petites vanités,
» les plus méprisables folies viennent contri-
» buer à la sécurité du gouvernement, de
» même que les sentimens nobles et les idées
» raisonnables. L'exercice de quelques-unes
» des fonctions publiques devient une habi-
» tude chez des réunions d'hommes assez
» nombreuses, pour répandre dans une grande
» partie de la nation les sentimens dont elles
» sont animées. C'est ainsi qu'une vraie re-
» présentation nationale tend à rendre les
» gouvernemens bons, et à donner de la
» stabilité à ceux qui le sont. Voilà ses pre-
» miers avantages. Mais les gouvernemens
» libres, c'est-à-dire justes, tendent à leur
» tour à rendre les hommes plus intelligens,
» plus honnêtes, plus braves et plus géné-
» reux. La liberté est la mère du génie,
» elle forme la raison, elle inspire aux na-
» tions cette valeur qui fait leur force et leur
» indépendance; elle excite cette activité,
» cet esprit d'entreprise d'où naissent la ri-
» chesse et la splendeur; c'est à son école que
» se développent ces principes d'humanité
» et de justice, où l'âme puise un bonheur

» mille fois plus grand encore que tous les
» avantages extérieurs dont ils sont la source
» première et l'unique garantie. »

En lisant ces éloquentes réflexions, il est
impossible de ne pas faire un triste retour
sur nous-mêmes, et de ne pas sentir combien notre assemblée représentative est loin
de réunir les conditions que réclame le publiciste anglais : combien nous sommes encore privés de cette vie politique qui peut
seule inspirer de l'intérêt à la nation, et donner de la stabilité au gouvernement. Quand
on a fait la part qui est due à juste titre aux
anciennes habitudes et aux intérêts locaux ;
quand on a fait ensuite la part, beaucoup
trop large, de l'influence du pouvoir, combien, dans une assemblée aussi peu nombreuse que la nôtre, reste-t-il de places à
donner à l'indépendance, au talent, au savoir, à toutes les qualités, dont la réunion
suffit à peine pour développer nos institutions
naissantes ?

Dans tout le morceau que je viens d'emprunter à sir J. Mackintosh, il n'est pas même
question de l'âge des représentans. En effet,
dans un pays que M. Pitt a gouverné dès

l'âge de vingt-un ans, avec autant de sagesse
que d'éclat ; dans un pays où M. Fox, à peine
âgé de dix-neuf ans, faisait déjà l'admiration
de la chambre des communes (1) ; dans un
pays où récemment encore, nous avons vu le
marquis de Lansdowne, remplir à vingt-deux
ans les fonctions importantes de chancelier
de l'échiquier, on aurait peine à concevoir
comment c'est à tel âge, plutôt qu'à tel autre, qu'un homme devient tout à coup propre à la discussion des affaires publiques.
On aurait peine à concevoir surtout comment, dans le dix-neuvième siècle, une assemblée d'hommes, faits a pu s'occuper gra-
vement de déclarer par une loi, qu'un Français âgé de quarante ans moins un jour, et
jouissant du reste du suffrage unanime de ses
concitoyens, est incapable de les représenter à la chambre des députés ; comme si la

_____

(1) La seule condition d'âge exigée pour être membre du parlement est la majorité de 21 ans ; mais le
talent précoce de M. Fox était si bien apprécié, qu'on
éluda cette condition en ne lui demandant point son
acte de naissance. Il y a plusieurs exemples de ce
genre de condescendance.

sagesse et l'intelligence politiques devaient lui être infusées miraculeusement, tout juste à son quarantième anniversaire, et comme si le bon sens n'avait pas commandé, dans cette circonstance, de profiter au moins de la latitude qui nous était laissée par la charte.

Dans les pays où l'on a quelque pratique de la liberté, on estime que la meilleure de toutes les éducations politiques, celle qui est à la fois la plus profitable aux individus et à l'état, c'est d'être appelé de bonne heure à la discussion des intérêts nationaux. Une telle éducation, en même temps qu'elle est favorable à la liberté, est sans aucun danger pour l'ordre public. Les jeunes gens se trouvent toujours en fort petite minorité dans une assemblée ; la fougue de leur âge est contenue par la timidité que leur inspire le théâtre imposant sur lequel ils paraissent ; ils ne manquent jamais d'adopter pour guides des hommes plus âgés, dont ils partagent les opinions et respectent l'expérience ; et d'ailleurs, si l'on craint de leur part quelque motion imprudente, on est certain qu'elle sera bientôt réprimée par la sagesse de leurs collègues. D'un autre côté, ce n'est pas à eux seuls que profite leur présence dans l'assemblée : les idées vives, les sentimens généreux qui animent ordinairement la jeunesse, réagissent sur les membres plus âgés; ils rougiraient de se montrer inférieurs à leurs jeunes collègues, et craignent de dévoiler devant eux l'ambition et l'avarice, auxquelles l'âge mûr n'est que trop enclin, dans un pays où aucun véritable sentiment de liberté n'a encore servi de contrepoids à ces penchans égoïstes.

Nous ne nous étonnons point de voir des jeunes gens occuper les places de l'administration, du ministère public, et même de la judicature. Nous trouvons simple de leur donner de bonne heure une action directe et sans contrôle sur la vie, sur la fortune, sur les intérêts les plus chers des citoyens; ce n'est pourtant pas un apprentissage sans inconvénient, que celui qui s'exerce aux dépens de tant de milliers d'hommes. Mais s'agit-il d'ouvrir aux jeunes gens la véritable école de la politique, celle où se forment les hommes d'état, sans aucun danger réel pour la communauté; c'est alors qu'on est assailli

de tous les lieux communs d'une prétendue
sagesse.

Je suis loin de contester les avantages atta-
chés à la pratique des affaires ; mais elle n'est
vraiment utile qu'autant qu'elle est jointe
à l'habitude d'une discussion contradictoire.
Un homme qui entrerait à quarante ans dans
une assemblée délibérante, sans autre prépa-
ration que la pratique des affaires adminis-
tratives, y apporterait vraisemblablement,
outre les défauts inséparables de l'exercice
du pouvoir, un esprit rétréci par l'habitude
des détails, et l'incapacité de s'élever à des
vues plus générales.

De tous les talens de l'homme d'état, l'art
de parler en public est celui qu'il est le plus
impossible d'acquérir lorsqu'on ne s'y est pas
préparé dès les premières années de sa jeunesse. Aussi voyons-nous les avocats et les
membres du ministère public exercer dans
nos assemblées une prépondérance beaucoup trop marquante. Je ne mets point en
doute le mérite de nos avocats et les services
qu'ils peuvent rendre dans une assemblée ;
mais il faut que leur influence soit balancée
par d'autres genres de talens. Les avocats

apportent d'ordinaire dans la discussion des intérêts nationaux un esprit de chicane et de minutie, qui ne convient point à de grandes questions d'utilité publique : ils sont trop habitués à défendre avec subtilité les côtés faibles de chaque cause ; ils sont enfin trop portés à considérer les lois existantes comme des faits immuables sur lesquels on peut argumenter avec plus ou moins d'adresse, mais qu'on ne peut corriger, lors même que leur imperfection est reconnue. Ces défauts sont communs aux gens de loi de toutes les nations, et l'exemple de l'Angleterre confirme nos raisonnemens à cet égard. En effet, dans le pays du monde où le barreau compte les talens les plus illustres, il est rare de voir les avocats soutenir dans le parlement la comparaison avec d'autres orateurs, qui à une égale habitude de la parole joignent celle de considérer les questions sous un point de vue plus étendu. Le grand Erskine lui-même n'a pas répondu dans ses discours parlementaires à l'attente que faisait concevoir la gloire qu'il avait acquise au barreau. Et si Romilly, Brougham et Mackintosh font exception à la règle générale, c'est qu'à l'étude et à la pratique de la jurisprudence ils n'ont cessé d'allier les plus hautes méditations de la politique et de la philosophie.

S'il existait un pays dans lequel une condition d'âge pût être raisonnablement exigée pour faire partie de la représentation nationale, ce serait sans doute l'Angleterre, puisque là du moins l'on peut craindre que les chefs d'une aristocratie puissante n'abusent de leur influence pour faire entrer de trop bonne heure au parlement leurs fils, ou les jeunes gens de leur clientèle. Mais, en France, où il n'existe aucune aristocratie de rang ni de fortune; en France où l'aristocratie naturelle du talent n'est peut-être pas même suffisamment reconnue; en France où le droit d'élire est déjà si restreint, où il n'est conféré qu'à l'élite des citoyens, à cette classe moyenne qui fait la véritable force des états, quelle incroyable pusillanimité que celle de supposer qu'un tel corps électoral ira donner légèrement sa confiance à des jeunes gens qui n'en seraient pas dignes? Quand un homme jouit de ses droits et administre sa fortune, la loi lui prescrit-elle qui il doit charger de la gestion de ses affaires? ne s'en remet-elle pas à la connaissance qu'il a de ses propres intérêts?

Le danger contre lequel nous devons nous prémunir est d'une tout autre nature : ce que nous avons à redouter, c'est une sorte de routine que les départemens ont contractée sous un régime où la représentation nationale n'était qu'un vain simulacre. Lorsqu'une place dans le corps législatif n'était rien qu'une sinécure, rapportant dix mille livres de rente; lorsque d'un autre côté les colléges électoraux se composaient d'un petit nombre d'individus nommés à vie, les motifs qui déterminaient le choix des candidats étaient bien plus des convenances de coterie que de véritables considérations d'utilité publique. On cherchait de préférence l'homme que ses affaires appelaient à Paris, ou celui qui, par ses relations avec les ministres, par sa longue pratique des antichambres, pouvait procurer quelques places aux solliciteurs de son département. Il s'est formé de la sorte des relations d'habitude qui sont fort difficiles à changer. Il se passera peut-être long-temps encore avant que l'on sache bien qu'un député qui réclame des garanties générales est plus important que celui qui a rendu depuis plusieurs années de petits services individuels. Et si, dans une telle disposition des esprits, un jeune homme parvient à réunir les suffrages des électeurs, on doit être bien assuré qu'il en est digne par quelque mérite distingué. Sommes-nous donc assez riches pour nous complaire dans les exclusions? Les connaissances politiques sont-elles donc si communes en France? Hélas! nous n'avons pas trop des lumières et des talens de toutes les classes et de tous les âges pour effacer de notre législation les traces honteuses du despotisme, et pour fonder enfin la liberté sur des institutions durables.

Parmi les personnes en grand nombre qui pensent, comme nous, que la condition d'âge fixée à quarante ans étouffe toute espèce d'émulation, les unes proposent d'y substituer l'âge de trente ans, d'autres celui de vingt-cinq. Mon opinion, je l'avoue, serait de ne fixer aucune condition, si ce n'est l'époque de la majorité, et de s'en rapporter entièrement à la sagesse des électeurs; bien persuadé que je suis que leurs choix porteront presque constamment sur des hommes d'un âge mûr et d'une longue expérience. Ma conviction à cet égard n'est point arbitraire; elle se fonde sur l'histoire de nos diverses assemblées délibérantes, où les jeunes gens ont toujours été en fort petite minorité. Que si pourtant l'on juge indispensable de fixer un âge pour les députés, celui de vingt-cinq ans me paraît mériter la préférence sous plus d'un rapport. Sans doute c'est à trente ans qu'un homme développe avec le plus de vigueur les facultés qu'il possède; mais il n'en acquiert déjà plus de nouvelles; et cette observation s'applique surtout au talent de parler en public; talent qui, plus qu'aucun autre, exige une grande souplesse, une extrême vivacité de tous les organes intellectuels. C'est à vingt-cinq ans que nos lois ont fixé de tout temps l'exercice de la plénitude des droits civils. Enfin, depuis la restauration même, nous avons une jurisprudence en faveur de cet âge; puisque, parmi les diverses modifications que l'ordonnance du 13 juillet 1815 apportait à la charte, elle fixait l'élection des députés à vingt-cinq ans. Certes il ne me viendrait dans l'esprit de citer comme exemple la chambre de 1815 sous aucun autre rapport; je remarquerai seulement ici qu'elle ne renfermait qu'un infiniment

3

petit nombre d'hommes au-dessous de quarante ans, et qu'il s'en fallait de beaucoup que les jeunes députés fussent les plus exagérés dans leurs opinions et les plus violens dans leurs discours.

« Soit, me dira-t-on, vos réflexions peu » vent être justes; mais, en vous livrant à les » exprimer, oubliez-vous les dispositions de » la charte et celles de l'ordonnance du 5 » septembre. » A Dieu ne plaise que j'élude aucune des difficultés de la question! Il vaut mieux les aborder hardiment, tout en reconnaissant la faiblesse de mes moyens, que de ne pas apporter la plus entière franchise dans la discussion d'intérêts d'une si haute importance.

Personne n'est plus pénétré que je ne le suis des bienfaits de l'ordonnance du 5 septembre. Elle a manifesté la haute sagesse du roi et nous a délivrés d'une assemblée qui ne marchait à rien moins qu'à s'ensevelir sous les ruines de la France; mais il importe cependant de ne pas confondre l'objet essentiel de cette ordonnance, c'est-à-dire, la dissolution de la chambre, avec l'engagement pris dans l'article premier, de ne reviser aucune des dispositions de la charte, et avec le préambule qui n'est qu'un commentaire de cet article. Quant au préambule, j'y vois *qu'à côté de l'avantage d'améliorer est le danger d'innover*, et je ne ne puis m'empêcher de regretter que la phrase ne se soit pas présentée dans un ordre inverse à l'esprit des rédacteurs de cet acte ; car, s'ils eussent dit *qu'à côté du danger d'innover est l'avantage d'améliorer*, l'assertion eût été également juste ; la chambre n'en eût pas moins été dissoute, et nous jouirions encore aujourd'hui des dispositions salutaires que l'ordonnance du 13 juillet avait introduites sous le rapport de l'âge et du nombre des députés : dispositions qui d'ailleurs étaient incorporées à notre droit politique par la sanction d'une législature (1).

(1) Voici l'extrait du préambule de l'ordonnance du 13 juillet 1815 ; je le rapporte ici comme un modèle de sagesse politique.

« Nous avons pensé que maintenant le nombre des » députés se trouvait, par diverses causes, beaucoup » trop réduit pour que la nation fût suffisamment » représentée; qu'il importait surtout, dans de telles » circonstances, que la représentation nationale fût

Je passe maintenant aux articles de la charte, qui sont relatifs à la formation de la chambre des députés. Un tel sujet doit être abordé avec respect, mais sans renoncer pourtant à l'usage de sa raison.

La charte a fait ce que font toutes les constitutions du monde, elle a reconnu des intérêts existans, elle a consacré des droits imprescriptibles, enfin elle a introduit des dispositions réglémentaires.

Sous les deux premiers rapports, chaque jour ajoute à la stabilité de la charte et à l'amour qu'elle nous inspire : sous le troisième,

---

» nombreuse, que ses pouvoirs fussent renouvelés, » qu'ils émanassent plus directement des colléges » électoraux, qu'enfin les élections servissent comme » d'expression à l'opinion actuelle de nos peuples.

» Nous nous sommes donc déterminé à dissoudre la » chambre des députés et à en convoquer sans délai » une nouvelle; mais le mode des élections n'ayant » pu être réglé par une loi, non plus que les modifi- » cations à faire à la charte, nous avons pensé qu'il » était de notre justice de faire jouir, dès à présent, » la nation des avantages qu'elle doit recueillir d'une » représentation plus nombreuse et moins restreinte » dans les conditions d'éligibilité. Mais, voulant ce-

elle a déjà été modifiée par l'expérience, et
le sera constamment à mesure que la science
politique fera des progrès. C'est ainsi que
l'usage a aboli, comme impraticable, l'art. 46,
qui veut qu'*aucun amendement ne puisse être
fait à une loi, s'il n'a été renvoyé et discuté
dans les bureaux*. C'est ainsi que Sa Majesté
a renoncé d'elle-même, par son ordonnance
du 19 août 1815, au droit de nommer des
pairs à vie, qui lui était réservé dans l'art. 27.
Et qu'on se garde d'exiger de nous, pour les
articles réglémentaires de la charte, le même
genre de vénération que nous ressentons pour
ses principes fondamentaux; car, la raison

» pendant que, dans aucun cas, aucune modification
» à la charte ne puisse devenir définitive que d'après
» les formes constitutionnelles, les dispositions de la
» présente ordonnance seront le premier objet des
» délibérations des chambres. Le pouvoir législatif,
» dans son ensemble, statuera sur la loi des élections,
» sur les changemens à faire à la charte dans cette
» partie, changemens dont nous ne prenons ici l'ini-
» tiative que dans les points les plus indispensables et
» les plus urgens, en nous imposant même l'obliga-
» tion de nous rapprocher, autant que possible, de la
» charte et des formes précédemment en usage. »

humaine ne se prêtant point à de semblables superstitions en politique, on ne parvien-drait qu'au triste résultat d'ébranler peut-être tout l'ensemble de notre croyance.

Aujourd'hui la loi des élections forme, avec les articles de la charte qui sont relatifs au même objet, un système que nous devons considérer dans son ensemble. Ce code élec-toral, de même que tous les codes possibles, renferme des principes essentiels qui en con-stituent l'esprit, et des dispositions accessoires qui peuvent et doivent même être changées, sans que pour cela l'on altère les véritables bases de l'édifice.

Les principes fondamentaux de notre sys-tème représentatif sont au nombre de trois.

Le premier est de confier le droit d'élire à une classe respectable de propriétaires, ayant assez de fortune pour être à l'abri de la corruption, et assez de lumières pour exer-cer, avec connaissance de cause, les fonc-tions importantes qui leur sont attribuées (1).

_____

(1) Voici comment s'exprime sir J. Mackintosh sur notre loi des élections : « En France, où le droit de » suffrage n'est accordé qu'aux citoyens payant 300 f.

Le second principe est l'élection directe, première condition de toute liberté, et seul mode de choisir des représentans qui ne soit pas l'exercice d'un droit illusoire. Nous pouvons citer avec orgueil, comme une preuve honorable du progrès que les lumières ont fait en France, la grande promptitude avec laquelle le principe de l'élection directe a été compris et apprécié, et l'extrême importance que toute la population y attache maintenant.

Enfin, le troisième principe essentiel dans notre système électoral, c'est la réunion, dans un seul lieu, de tous les électeurs qui doivent concourir à la nomination d'un député. Je

---

» de contribution directe, l'objet est évidemment de » mettre le pouvoir électoral entre les mains des clas- » ses moyennes. Les ultra-royalistes, qui sont encore » les plus riches propriétaires fonciers, auraient sou- » haité une plus grande extension du droit d'élire afin » d'accroître l'influence de leur clientèle; mais, la subdi- » vision des biens nationaux ayant créé une classe nom- » breuse de petits propriétaires essentiellement inté- » ressés au maintien des nouvelles institutions, la loi » qui leur donne la prépondérance dans le système » électoral est éminemment politique. »

ne puis me refuser au plaisir d'emprunter
encore ici quelques réflexions à sir J. Mackintosh, sans dissimuler cependant qu'elles
sont dirigées en partie contre le vote au scrutin secret, dont le publiciste anglais montre
ensuite les inconvéniens de la manière la
plus ingénieuse :

« Dans une assemblée nombreuse, chaque
» homme est électrisé par les sentimens de son
» voisin; le contact avec ses semblables lui
» révèle ses propres pensées qui dormaient
» dans le fond de son cœur. Une telle assem-
» blée, quels que soient les défauts qu'on
» peut lui reprocher, jouit seule du privi-
» lége d'inspirer à des créatures humaines un
» désintéressement complet bien que passa-
» ger, et de rendre les hommes les plus ordi-
» naires capables d'oublier leur égoïsme par
» enthousiasme pour une cause commune.
» Le grand objet des élections populaires
» est de faire naître ou d'accroître l'amour de
» la liberté. Ce sentiment dans toute son
» énergie est le seul qui puisse à la fois pré-
» server les institutions libres des atteintes
» du temps, ou des attaques de leurs ennemis,
» et leur donner une efficacité réelle, tandis

» qu'elles subsistent. Si l'on pouvait supposer
» un peuple parfaitement indifférent à toute
» mesure politique, et sans aucune disposi-
» tion à prendre part aux affaires publiques,
» chez un tel peuple les institutions de li-
» berté les plus parfaites ne seraient qu'une
» lettre morte; la machine la plus soignée
» s'arrêterait faute d'un moteur. A mesure
» qu'un peuple s'enfonce dans cette apathie
» servile, sa constitution devient vaine, et
» ses meilleures lois impuissantes. Les insti-
» tutions sont mises en œuvre par les hommes,
» et les hommes sont mus par des sentimens.
» Un système de liberté ne peut être réalisé
» que par des hommes qui aiment la liberté.
» Avec l'esprit de liberté, les formes les plus
» imparfaites deviennent bientôt un gouver-
» nement excellent; sans cet esprit, les meil-
» leures lois ne peuvent durer, et ne valent
» pas la peine d'être conservées. Les institu-
» tions d'un état libre ne sont véritablement
» assurées, qu'alors que des citoyens réunis
» en grand nombre exercent leurs droits po-
» litiques avec plaisir et avec orgueil, par-
» conséquent avec zèle et avec courage; alors
» que ces droits leur sont devenus chers par

» l'habitude, aussi-bien que par la conviction
» de leur prix inestimable ; alors enfin que
» la manière dont ils les exercent est propre
» à exciter la sympathie de tous les témoins
» d'un si beau spectacle , et à répandre dans
» la nation un amour jaloux de ses préroga-
» tives , et une disposition constante à re-
» pousser avec fermeté les attaques dont elles
» pourraient devenir l'objet. »

Quel noble langage , et qu'il y a loin de
ces hautes pensées au petit esprit de ceux qui
voient une convulsion dans le plus léger signe
de vie , et une fièvre ardente dans le moindre symptôme de chaleur naturelle. Je ne
sais quelle est la prétendue liberté pour laquelle ils professent un respect de commande ;
mais en vérité l'on serait en droit de la com-
parer à cette jument que Roland vantait dans
sa folie , et qui réunissait les plus belles qualités , sauf qu'elle était morte.

Nous avons vu que les trois points fondamentaux de notre système représentatif ,
sont :

1°. Un corps électoral pris dans la classe
moyenne ;

2°. Une élection directe ;

5°. La réunion des électeurs au chef-
lieu.

Quant aux dispositions accessoires de notre
code électoral, les unes sont de peu d'importance; les autres sont essentiellement vi-
cieuses, et portent l'empreinte du despotisme
impérial. Ce serait faire injure aux lumières
du monarque de qui nous tenons la Charte,
que de supposer qu'il y eût fait entrer des dispositions telles que le renouvellement de la
chambre par cinquième, le petit nombre
des députés, et leur âge fixé à quarante ans,
si ces dispositions ne s'étaient pas déjà trou-
vées dans nos lois antérieures. Et en effet ces
trois dispositions datent toutes de la constitution de l'an 8; de cette prétendue répu-
blique où Bonaparte et des sophistes à ses
gages avaient entassé à plaisir des contradic-
tions manifestes, des garanties illusoires,
des moyens de pouvoir absolu, mal déguisés
sous des noms pompeux de liberté romaine.
Une telle constitution n'était qu'un échafau-
dage destiné à être renversé à mesure que
s'élèverait l'édifice de l'empire.

En conservant un simulacre de représentation nationale, Bonaparte n'avait rien né-

gligé pour en anéantir la réalité ; il avait inventé le renouvellement par cinquièmes afin que l'opinion du moment fût toujours en minorité, et que, si dans le nouveau cinquième quelques hommes indépendans échappaient au scrutin du sénat, ils fussent enchaînés par quatre autres cinquièmes, déjà courbés sous le joug du pouvoir. Il avait réduit le nombre des députés, afin d'affaiblir d'autant plus la considération du corps législatif. Il avait fixé à quarante ans la condition d'éligibilité, parce qu'il se flattait de trouver à cet âge des hommes plus dociles à ses vues, moins susceptibles de sentimens généreux et plus avides de places et d'argent. —J'espère démontrer bientôt que toutes ces précautions que Bonaparte avait prises contre la liberté, et dont la charte ne s'est malheureusement pas départie, sont aujourd'hui plus funestes encore à la stabilité du gouvernement qu'aux autres intérêts de la nation. Je me borne maintenant à faire observer que, si cette tactique de despotisme a réussi pendant quelque temps à Bonaparte, c'est que toute l'activité, toute la vie du peuple français était dirigée, à cette époque, vers la gloire militaire et vers les conquêtes.

Elle eût été bien vite déjouée, si cette même
activité se fût portée sur la liberté intérieure.
« Beaucoup de gens se plaisent à soutenir,
a dit celle à qui je dois tout dans ce monde,
» que, si Bonaparte n'avait tenté ni l'expédi-
» tion d'Espagne, ni celle de Russie, il serait
» encore empereur ; et cette opinion flatte
» les partisans du despotisme qui ne veulent
» pas qu'un si beau gouvernement puisse être
» renversé par la nature même des choses,
» mais seulement par un accident. J'ai déjà
» dit ce que l'observation de la France con-
» firmera, c'est que Bonaparte avait besoin
» de la guerre pour établir et pour conserver
» le pouvoir absolu. Une grande nation n'au-
» rait pas supporté le poids monotone et avi-
» lissant du despotisme, si la gloire militaire
» n'avait pas sans cesse animé ou relevé l'es-
» prit public. L'intérêt continuel des vic-
» toires tenait lieu de tous les autres ; l'am-
» bition était le principe actif du gouver-
» nement dans ses moindres ramifications :
» titres, argent, puissance, Bonaparte don-
» nait tout aux Français à la place de la li-
» berté. Mais, pour être en état de leur dis-
» penser ces dédommagemens funestes, il

» ne fallait pas moins que l'Europe à dévo-
» rer (1). »

Les nations, non plus que les individus,
ne peuvent se passer d'un sentiment domi-
nant qui soit le principe de leur vie morale.
Sous Napoléon ce principe était l'ardeur de
la guerre ; aujourd'hui, heureusement pour
nous et pour l'Europe, ce ne peut plus être
que l'amour de la liberté. Vouloir gouverner
par assoupissement une nation de vingt-huit
millions d'hommes éclairés, est une triste et
absurde chimère qui ne prouve autre chose
que la petitesse de l'esprit de ceux qui ont pu
la concevoir. Un gouvernement peut bien
tenter la lutte périlleuse de la force contre
l'opinion, et refuser aux hommes toute espèce de droits politiques ; mais reconnaître
leurs droits et prétendre qu'ils n'en fassent
point usage, c'est une folie qu'on ne sait
comment caractériser. — Redoutez-vous telle
ou telle force nationale, ouvrez-lui un champ
assez large pour qu'elle puisse s'y mouvoir
et n'ait point d'intérêt à en dépasser les li-

_____

(1) Considérations sur la révolution française,
tom. II, pag. 417.

mites ; laissez agir librement d'autres forces qui lui fasssent équilibre ; mais ne prétendez pas comprimer de vos petites mains les ressorts d'une telle puissance.

J'ai dit que toutes les précautions contre l'assemblée élective, que nous avons cru devoir emprunter au régime impérial, sont aujourd'hui fatales à la stabilité du gouvernement, plus encore que funestes aux progrès de la liberté. Cette observation me paraît évidente ; elle s'applique avec force au renouvellement de la chambre par cinquièmes, mais surtout au petit nombre et à l'âge des députés.

Le renouvellement annuel d'une partie de la chambre, lors même qu'il se passe avec le calme et la dignité dont la nation française a fait preuve dans les deux dernières élections, est une fièvre continue à laquelle un gouvernement peut difficilement résister, surtout dans un pays dont toutes les institutions sont encore flottantes. Bien que cette élection ne soit pas générale, le mouvement qu'elle excite dans les esprits est presque le même dans toute la France : ce serait peu de chose encore si notre gouvernement savait en être tranquille spectateur ; mais la terreur panique dont on l'a vu saisi à l'époque des élections a fait croire qu'il manquait de force ou de sincérité. On lui a supposé quelque arrière pensée, lorsque le plus légitime exercice des droits consacrés par la charte lui a causé de telles alarmes.

Pour fonder quelques lois organiques, il faut nécessairement qu'il s'établisse, pendant un certain temps, entre le ministère et la chambre, non certes des rapports de soumission, mais des relations de confiance. Or, comment cette confiance peut-elle naître lorsque la chambre est autre toutes les années, et que par conséquent le ministère doit, ou être changé, ou se trouver en désaccord avec la nouvelle combinaison de l'assemblée. Ces variations constantes dans la composition du ministère ou dans ses rapports avec les chambres, finiraient nécessairement par entraver toutes les relations diplomatiques et toutes les opérations de crédit. Ce serait au reste nous écarter de notre principal objet, que d'insister plus long-temps sur les inconvéniens du renouvellement annuel; le gouvernement en est sans doute lui-même convaincu; mais de combien de dangers plus

graves et plus pressans ne sommes-nous pas
menacés par le petit nombre et l'âge des
députés? Je vais essayer de développer quelques-uns de ces dangers, en ne considérant la
question que dans l'intérêt du gouvernement
lui-même ; car, dans l'intérêt de la liberté,
elle est résolue depuis long-temps.

Il est une première vérité incontestable dont
il importe d'être bien convaincu ; c'est que,
pour peu qu'il existe de liberté dans un pays,
pour peu que l'on y ait une manière de parler à l'opinion publique, tous les hommes
prononcés dans leur opposition aux principes
du ministère, et qui se font remarquer
par quelque talent supérieur, parviennent
nécessairement et, en fort peu de temps, à
entrer dans l'assemblée représentative. Je ne
répéterai point ce que j'ai dit ailleurs, c'est
qu'ils sont bien moins redoutables pour le
gouvernement dans le sein de cette assemblée
qu'au dehors ; il me suffit de faire observer
ici qu'il n'est pas au pouvoir du ministère de
leur en fermer l'entrée. Or, il est dans la nature des choses, d'une part, que le nombre de
ces hommes ne soit jamais bien considérable,
et de l'autre, qu'ils arrivent tous plus tôt ou plus

tard, à faire partie de la représentation nationale. La question n'est donc pas de savoir s'il y aura une opposition dans l'assemblée, mais en quelle proportion les membres de l'opposition se trouveront avec les
représentans de cette grande majorité qui,
dans tous les pays et en France peut-être
plus qu'ailleurs, craint toute espèce d'agita-
tion et respecte aveuglément ce qui est, par
le seul fait que cela est. Or, craignez-vous
que, dans le système actuel, l'opposition
ne parvienne bientôt à former la moitié de
l'assemblée. Doublez, triplez le nombre des
députés, elle n'en formera plus que le quart
ou le sixième. En effet, il serait absurde de
supposer que les talens et le nombre des membres de l'opposition pussent s'accroître dans
le rapport de l'augmentation de l'assemblée;
si cela était, aucun gouvernement ne se main-
tiendrait, de quelque façon qu'il s'y prît pour
composer les deux chambres. Les intérêts du
ministère sont donc en ce point parfaitement
conformes à ceux de la raison et de la liberté.

Le petit nombre des députés rend nécessairement la majorité ministérielle très-incer-
taine et très-précaire; c'est toujours une dou-

zaine d'individus, dont mille circonstances peuvent faire varier l'opinion, qui tiennent entre leurs mains le sort de chaque loi nouvelle. D'ailleurs, ne perdons pas de vue que la soumission de la minorité à la majorité, et l'obéissance du peuple à ce que la majorité de ses représentans a décidé, ne sont, en quelque sorte, que des fictions légales; fictions sans doute très-sages, très-protectrices de l'ordre public, mais qui n'en sont pas moins un triomphe continuel et souvent difficile de la raison de l'homme sur ses passions. Car ces diètes de Pologne où l'unanimité s'obtenait à coups de sabres, sont l'image de ce qui se passerait chez tous les peuples, si une sage déférence pour de certaines idées ne contenait pas les penchans naturels de l'espèce humaine. Or, dans un pays où l'on verrait constamment les propositions ministérielles ne passer qu'à une majorité d'un très-petit nombre de voix, et où quelquefois le bon sens et la raison se trouveraient du côté de la minorité, la soumission au gouvernement et le respect pour les lois seraient bientôt affaiblis chez tous les hommes.

L'on se plaint avec raison de ce que la

proportion des fonctionnaires publics dans la chambre est exorbitante ; mais conclure de là qu'il faille leur en fermer l'entrée, est une idée fausse, et qui ne peut naître que dans la tête d'hommes entièrement neufs en matière de liberté ; ce serait en effet se priver de toutes les connaissances pratiques qui sont indispensables pour faire de bonnes lois. Eh bien, cette exclusion des fonctionnaires publics sera précisément une des conséquences forcées du petit nombre des députés ; et l'on n'aura pas le droit de trouver étrange que la nation, ayant si peu d'organes pour exprimer ses besoins, si peu de champions pour défendre ses intérêts, donne les premières places à ceux qu'elle croira les plus énergiques dans la résistance aux empiétemens du pouvoir.

Ce que nous disons ici des fonctionnaires publics pourrait s'appliquer également aux députés du côté droit. La place qu'ils occupent dans l'assemblée est si disproportionnée avec celle que tient dans la nation le parti qu'ils représentent, que la seule chance qu'aient quelques-uns d'entre eux d'être réélus est une augmentation très-considérable de la chambre des députés.

Le petit nombre des députés est encore une des raisons qui obligent le gouvernement à choisir hors de l'assemblée des commissaires chargés de défendre ses projets de lois. Ces commissaires sont considérés comme des intrus par la chambre, aussi-bien que par le public, et c'est toujours avec une sorte de défaveur qu'on les voit monter à la tribune. Un inconvénient de ce genre, et c'en est un fort grave, cesserait d'avoir lieu, si la chambre était assez nombreuse pour que le ministère pût y trouver facilement des hommes propres à bien défendre les causes qu'il lui confierait. Je remarquerai, en passant, que les commissaires du roi sont souvent beaucoup plus jeunes que les députés.

Enfin, une assemblée aussi peu nombreuse que la nôtre est bien plus accessible à des considérations de coterie qu'aux grandes impulsions de l'opinion publique. Les idées générales y prennent trop facilement un caractère de personnalité. Chaque député sachant que de son seul vote peut dépendre l'adoption ou le rejet d'un projet de loi, et se voyant courtisé de tous les partis, prend de lui-même une idée souvent disproportionnée avec son mérite. Et de là vient qu'un mouvement d'humeur, quelques petites vanités blessées, suffisent pour entraver toute la marche des affaires, et pour susciter des objections sans nombre aux propositions du gouvernement, lors même qu'elles sont le plus raisonnables.

Mais tous les inconvéniens que nous venons de signaler, ne sont rien encore auprès de ceux qu'entraîne l'âge des députés.

Pour que des institutions sages et libérales puissent se fonder, il faut de toute nécessité que l'éducation politique des ministres, des députés et de la nation, marche dans une progression égale. Car, si les chambres et la nation sont trop en avant du ministère, celui-ci sera renversé ou se traînera gauchement après l'opinion publique, et le bien ne se fera que d'une manière incomplète. Si, au contraire, ce sont les ministres et les chambres qui sont en avant de l'opinion, il en résultera que les lois, quoique très-bonnes peut-être, ne seront point comprises, et ne porteront point de fruit.—L'on a dit avec raison, des économistes, qu'ils voulaient établir la liberté par le despotisme ;

c'est un genre de tentative qui échoue toujours. Les peuples ne se mettent point en
serre chaude.—Mais si par hasard c'était le
ministère et la nation qui fussent tous les
deux en avant des lumières de l'assemblée
représentative, une telle combinaison serait
si absurde et si facile à changer, qu'il ne
faudrait pas s'y arrêter un seul instant. Dans
un sujet de cette nature, je n'ai pas besoin
de dire combien je respecte toutes les ex-
ceptions individuelles; mais je ne crains
toutefois pas d'être contredit en affirmant
que, dans l'état actuel des choses, les lumières
de notre assemblée représentative sont infé-
rieures d'une part à celles de l'opinion publique, et de l'autre à celles d'une partie
au moins des membres qui composent le ministère. Mais d'où provient cette infériorité,
si ce n'est de ce que les députés sont choisis
exclusivement dans une génération, qui, par
diverses causes, repousse toute idée nouvelle,
et se refuse opiniâtrément à toute espèce
d'instruction.—Dans les pays qui jouissent
depuis long-temps de la liberté, les lieux
communs n'ont d'autre inconvénient que
d'être ennuyeux; ils renferment toujours

quelque côté juste, quelques notions applicables ; mais chez nous qui n'avons encore joui d'aucune liberté réelle, chez nous où chaque gouvernement hérite des sophismes répandus par celui qui l'a précédé, les lieux communs réunissent tous les dangers de l'inexpérience à l'insipidité des répétitions.

Parmi les hommes de quarante à soixante-dix ans, dont se compose la classe des éligibles, les uns ont puisé toutes leurs idées dans la vieille monarchie, et, sans parler encore de leurs passions haineuses, ils ne rêvent que le rétablissement d'un régime qu'eux-mêmes ne sauraient définir, et qui d'ailleurs est aussi incompatible avec nos mœurs actuelles que l'organisation d'une planète étrangère : d'autres ont l'imagination tellement frappée des crimes de la révolution, que ce souvenir égare leur esprit ; ils tremblent au moindre signe de vie que donne une nation engourdie par quinze ans de despotisme ; ils ne voient pas que les rôles ont changé, que ceux qui avaient la fureur de détruire ont maintenant l'intérêt le plus puissant à conserver, et que le seul danger qui nous menace aujourd'hui, ce sont les

vengeances de la minorité : d'autres qui ne se
sont nourris , sous l'empire de Bonaparte,
que de la politique servile des journaux, et
qui veulent excuser à leur propres yeux leur
longue complaisance , s'obstinent à donner
pour des idées d'ordre public les sophismes
officiels du pouvoir absolu : d'autres sont
tellement imbus des doctrines tyranniques
de la convention , que la liberté consiste
uniquement pour eux dans des déclamations
violentes contre le clergé et la noblesse ; ils
seraient tout prêts à se soumettre à un despotisme quelconque , pourvu qu'il commen-
çât par persécuter les objets de leur haine :
d'autres enfin , et ce sont encore de beaucoup
les meilleurs , sont pénétrés d'un respect
superstitieux pour toutes les conceptions de
l'assemblée constituante ; ils ont comme elle
un souverain mépris pour l'expérience de
l'Angleterre et de l'Amérique ; ils se per-
suadent que la liberté peut s'établir par deux
ou trois idées simples , et qu'un être aussi
multiple que l'homme, une machine aussi
compliquée que l'ordre social peuvent se
mouvoir par quelques principes généraux.
Mais chacune de ces classes est attachée à

ses préjugés divers avec une égale ténacité, et repousse avec la même persévérance toute espèce d'instruction nouvelle. — Que serait-ce si je parlais des passions violentes que la discussion des intérêts législatifs réveille dans l'ame de ceux qui ont assisté aux commencemens de notre révolution.

Les révolutions politiques ont, comme les maladies du corps humain, un terme qu'il est jusqu'à un certain point possible de fixer d'une manière générale. Ce terme est celui où les combattans qui ont ouvert la lutte commencent à se retirer de la carrière, et où une génération nouvelle vient les remplacer. Les pères étaient des ennemis irréconciliables; les enfans ne sont plus que des hommes de sentimens opposés. Sans doute, une fusion complète des opinions politiques n'est un résultat ni possible ni même désirable; mais il faut que ces opinions diverses cessent d'être des haines individuelles. Quand nous aurons atteint ce but, et seulement alors, la révolution sera terminée, et nos institutions nouvelles seront mises à flot. Cela posé, que peut-on faire de plus de raisonnable que de confier les armes législatives précisément à ceux qui sont le plus acharnés les uns contre les autres, à ceux pour qui tous les noms, toutes les doctrines de la révolution sont encore l'objet des passions les plus vives. Aussi que résulte-t-il d'un tel système ? c'est que toutes les lois deviennent des questions de parti, et que la simple raison ne trouve plus de place nulle part. S'agit-il de composer le corps électoral d'une manière sage et équitable pour tous les citoyens, les uns ne pensent qu'à en écarter l'ancienne noblesse, les autres ne rêvent que l'espoir absurde de ressusciter les priviléges des gentilshommes, en les déguisant sous le nom de grands propriétaires ? S'agit-il du mode le plus économique de payer les dettes de l'état, les uns ne songent qu'à plaire aux acquéreurs de biens nationaux, les autres ne s'occupent que de la vaine chimère de reconstituer en France le pouvoir du clergé catholique. A Dieu ne plaise que je me prononce pour aucun genre d'exclusion ; mais en vérité, dans l'état actuel des esprits, la loi qui interdirait l'entrée de l'assemblée représentative à tous les hommes assez âgés pour avoir pris part aux premières haines de la révolution, serait encore moins déraisonnable que celle qui en écarte précisément la génération chez laquelle on trouve le plus de calme et d'impartialité.

En effet, les hommes de la génération nouvelle sont étrangers aux préjugés et aux passions que nous avons cherché à signaler. Ils ont en général plus de connaissances acquises, et surtout plus de désir d'en acquérir de nouvelles. Ils voient la France telle qu'elle est, sans que leur esprit soit troublé par l'image d'un passé qui ne peut plus renaître. Le souvenir de la terreur n'est point un spectre qui les poursuive sans cesse, et leur ôte l'usage de leur raison. L'émigration et l'aAsemblée législatitive, la légitimité et la souveraineté du peuple, qui sont des cris de guerre pour les hommes plus âgés, ne sont pour eux que des faits historiques ou des idées générales insignifiantes dans l'application. Enfin, la génération nouvelle est calme parce qu'elle est forte; et patiente parce qu'elle se croit assurée qu'avant de disparaître de la terre, elle aura vu luire le jour de la liberté constitutionnelle.

FIN.